AF369921

V

Vente du Jeudi 7 Décembre 1882

HOTEL DROUOT, SALLE N° 7

OBJETS DE CURIOSITÉ

PORCELAINES

DE SAXE ET D'ALLEMAGNE

TABLEAUX ANCIENS

Appartenant pour la majeure partie à

M. ZETTELER, de Hambourg

EXPOSITION

Le Mercredi 6 Décembre 1882

de 1 heure à 5 heures

COMMISSAIRE-PRISEUR

M° P. CHEVALLIER, Succr de M° CH. PILLET
10, rue de la Grange-Batelière.

EXPERT

M. GEORGE, 12, rue Laffitte.

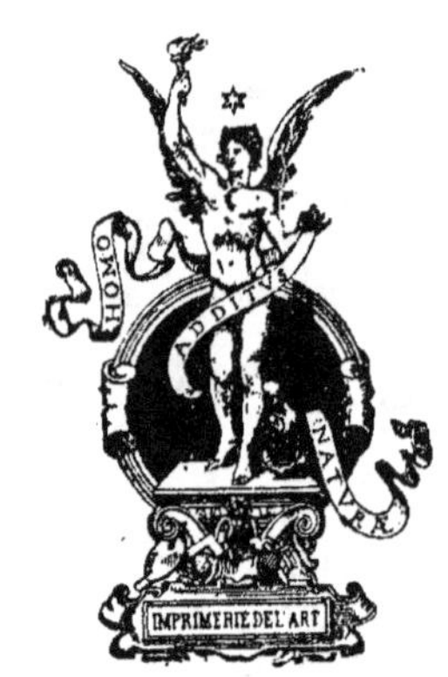
HOMO
ADDITVS
NATVRÆ
IMPRIMERIE DE L'ART

CATALOGUE

DES

OBJETS DE CURIOSITE

Montres anciennes — Éventails — Boîtes — Bijoux
Objets de Vitrine — Grand Oliphant en ivoire

PORCELAINES

DE SAXE ET D'ALLEMAGNE

Pendules — Étoffes — Meubles anciens
Beau Cabinet garni de plaques en porcelaine

TABLEAUX ANCIENS

APPARTENANT POUR LA MAJEURE PARTIE A

M. ZETTELER, de Hambourg

DONT LA VENTE AURA LIEU

HOTEL DROUOT, SALLE Nᵒ 7

Le Jeudi 7 Décembre 1882

A DEUX HEURES

COMMISSAIRE-PRISEUR

Mᵉ PAUL CHEVALLIER, Succʳ de Mᵉ CH. PILLET
10, rue de la Grange-Batelière, 10
EXPERT : M. GEORGE, 12, rue Laffitte.

EXPOSITION PUBLIQUE : le Mercredi 6 Décembre 1882
De une heure à cinq heures.

D 5417

CONDITIONS DE LA VENTE

Elle sera faite au comptant.

Les adjudicataires payeront *cinq pour cent* en sus des enchères.

L'exposition mettant le public à même de se rendre compte de l'état des objets, aucune réclamation ne sera admise une fois l'adjudication prononcée.

Paris. — IMPRIMERIE DE L'ART, J. ROUAM, 41, rue de la Victoire.

DÉSIGNATION

1 — Montre Louis XVI en or émaillé.

2 — Montre or ciselé, petit émail dans un entourage en jargons.

3 — Montre Louis XV en or.

4 — Montre Louis XVI or, offrande à l'Amour.

5 — Autre ciselée à guirlandes avec émail.

6 — Autre ciselée à guirlandes avec émail.

7 — Montre de Genève or émaillé, jeux d'enfants.

8 — Montre analogue.

9 — Montre à figures automatiques.

10 — Deux montres anciennes.

11 — Boîte argent gravé à godrons.

12 — Nécessaire de couture en argent.

13 — Étui forme asperge, Saxe.

14 — Flacon figurine, chasseresse.

15 — Éventail Louis XV, monture nacre et ivoire.

16 à 20 — Vingt-trois éventails Louis XV et Louis XVI.

21 à 30 — Vingt boîtes en émail et porcelaine de Saxe.

31 à 35 — Quinze boîtes et tabatières du xviiie siècle, en cuivre et argent.

36 — Trois miniatures, scènes d'intérieur, cadres en bronze.

37 à 41 — Environ trente miniatures et petites peintures.

42 — Boîte papillon émail de Chine.

43 — Poignards, cuiller ancienne, lorgnettes et divers objets de vitrines.

44 — Un petit tableau russe.

45 — Petits objets en porcelaine de Saxe, de Vienne, etc.

46 — Deux salières cristal sur pieds argent.

47 — Couteau et fourchette dans un écrin.

48 — Petit tapis en soie brochée, 1784.

49 — Statuettes japonaises dans une niche en bambou.

50 — Petit bas-relief albâtre.

51 — Deux boussoles anciennes.

52 — Neuf boîtes agate, nacre, écaille, cristal.

53 — Montre Louis XV à double boîtier argent repercé.

54 — Montre Louis XVI, à figures automatiques.

55 — Montre Louis XVI, cuivre avec châtelaine.

56 — Montre anglaise.

57 — Deux montres Louis XVI, cuivre.

58 — Une montre et une boîte.

59 à 65 — Collier, bracelets, cachets, boucles d'oreilles, boucles en strass, croix, etc.

66 — Très grand oliphant en ivoire sculpté en bas-relief, orné d'un défilé de personnages.

67 à 77 — Environ vingt tableaux anciens.

78 — Deux jardinières carrées Saxe, décors oiseaux.

79 — Soupière Saxe, à fleurs.

80 — Vase, modèle Louis XVI, à guirlandes et médaillons.

81 — Petite soupière Saxe Marcolini.

82 — Deux petits vases Berlin, montés.

83 — Deux flacons à odeur, Saxe.

84 — Un encrier.

85 — Ménagère en Wedgwood.

86 — Deux vases forme et décor variés.

87 — Environ soixante assiettes en porcelaine de Saxe.

88 — Un compotier en Chine.

89 — Un compotier Saxe.

90 — Un groupe porcelaine.

91 — Six tasses et soucoupes Saxe, têtes d'amours et guirlandes.

92 à 96 — Plusieurs services et cabarets en Saxe Marcolini.

97 — Plusieurs flacons à thé en Saxe.

98 — Une plaque en émail peint.

99 — Petit vase indien, métal incrusté.

100 — Deux vases à couvercle, modèle Louis XVI.

101 — Deux potiches à couvercles, en faïence hollandaise, décor bleu.

102 — Un tabouret à quatre pieds en bois sculpté, style chinois.

103 — Meuble-cabinet en bois noir, richement garni extérieurement et intérieurement de plaques en porcelaine décorée (pastorales et scènes galantes) et de moulures d'encadrement en bronze; le dessus est couronné d'une galerie surmontée de figurines.

104 — Meuble d'encoignure Louis XV, de forme contournée et garni de cuivre. La partie supérieure est vitrée.

105 — Bureau de même style avec corps supérieur à tiroirs et étagères.

106 — Grande pendule en bois noir et or.

107 — Pendule carrée bronze doré, style du XVIᵉ siècle.

108 — Pendule ancienne, bois noir et une console.

109 — Pendule style rocaille garnie de fleurs en porcelaine de Saxe.

110 — Un cartel doré.

111 — Petite pendule porcelaine à rehauts d'or.

112 — Coupe galvano.

113 — Petit miroir en bronze.

114 — Plusieurs vitraux sous ce numéro.

115 — Deux tasses et deux soucoupes en Chine.

116 — Deux tableaux et une aquarelle.

117 — Une petite commode Louis XIV à dessus de
marbre.

118 — Une commode Louis XV avec beau marbre.

119 — Une commode Louis XIV.

120 — Grande pendule et sa console d'applique vernis Martin et bronze, époque Louis XV.

121 — Une suspension de salle à manger.

122 — Quatre bandes en soie brodée et soutachée. xviie siècle.

123 — Belle cantonnière orientale en étoffe rouge brodée argent : oiseaux et feuillages en relief.

124 — Bureau plat de style Louis XVI en bois noir incrusté, à pieds cannelés de cuivre et à moulures.

125 — Vitrine Louis XIV à hauteur d'appui, en bois noir incrusté de filets de cuivre.

126 — Console Louis XV en bois sculpté et doré dessus de marbre brèche

127 — Groupe en biscuit représentant quatre villageois autour d'un arbre.

128 — Quatorze assiettes en porcelaine de Saxe imitation du Japon, à décor bleu.

129 — Deux coffrets portugais en bois des îles, incrustés de nacre et de filets de cuivre.

130 — Pièce de surtout en porcelaine.

131 — Six tasses et six soucoupes en porcelaine du Japon.

132 — Coupe en serpentine. Quatre flambeaux Louis XVI en bronze doré.

133 — Jeu d'échecs en laque avec pièces en ivoire sculpté de travail chinois.

134 — Cabinet en laque de Chine incrusté de burgau et garni de ferrures de cuivre gravé.

135 — Pendule Empire en bronze vert et marbre jaune de Sienne. Figures d'amours et sphinx.

136 — Deux vases forme balustre, en porcelaine de la Chine (moderne).

137 — Deux théières et un pot à crème en métal
anglais.

138 — Pendule ancienne, les Trois Grâces, bronze
doré.

139 — Pendule Louis XV et sa console d'applique
garnies de cuivres au poinçon de Caffieri.

140 — Pendule à cage en bronze, le mouvement
marche trois mois.

141 — Coupe en porphyre de Suède.

142 — Panneau en bois finement sculpté.

143 — Un plat d'Urbino.

144 — Divers objets non catalogués.

www.ingramcontent.com/pod-product-compliance
Lightning Source LLC
LaVergne TN
LVHW021919180726
843502LV00008B/3165